LÁZARO DROZNES

Dirty.Shorty. Funny.Sexy. Witty. One liner jokes.

Schmutzig.Kurz. Witzig.Sexy. Originell. Einzeiler

English-German Bilingual Short Read. Parallel Text.

Deutsch Englisch Zweisprachige Ausgabe. Paralleler Text

One liner jokes to exercise oral sex at home and at work.

Einzeiler Witze für besseren Oralsex auf der Arbeit und Zuhause.

Translation: Sarah Retter

Übersetzung: Sarah Retter

Dirty. Shorty. Funny. Sexy. Witty. One liner jokes
Schmutzig.Kurz. Witzig.Sexy. Originell. Einzeile

Published by

Dirty.Shorty. Funny.Sexy. Witty. One liner jokes.

Schmutzig.Kurz. Witzig.Sexy. Originell. Einzeiler

Love is a reversal disease: starts with fever and ends up with cold.

Liebe ist wie eine Umkehrkrankheit: sie beginnt mit Fieber und endet mit Schüttelfrost.

For women making love is like watching soap opera. When it gets interesting, the show ends and a sign pops up: to be continued.

Für Frauen ist das Liebe machen wie eine Seifenoper: Wenn es interessant wird, endet die Show mit Fortsetzung folgt.

The only women that appreciate their husbands are the widows.

Die einzigen Frauen, die ihre Ehemänner schätzen, sind Witwen.

Romantic is whatever contributes to the feminine orgasm.

Romantisch ist alles, was zum weiblichen Orgasmus beiträgt.

The G spot in women lies in the g of "shopping".

Der G-Punkt der Frau liegt im G von "Shopping".

Why evolution favored such a simple orgasm in men and such a complex one in women?

Warum bedachte die Evolution Männer mit einem so einfachen, aber Frauen mit so einem komplexen Orgasmus?

The G spot in women can be found right after the H spot.

Der G-Punkt der Frau kann direkt nach dem H-Punkt gefunden werden.

Marriage means fire for one year and ashes for the next thirty.

Ehe bedeutet ein Jahr lang Feuer und Asche für die nächsten dreißig.

"I´ll love you forever or die trying".

„Ich werde dich für immer lieben oder beim Versuch sterben".

Good lovers produce author orgasms.
Gute Liebhaber führen Autor-Orgasmen herbei.

Whatever is left of the foreskin after circumcision is called afterskin.

Was auch immer nach der Beschneidung von der Vorhaut übrig bleibt nennt man Nachhaut.

The only free sex is masturbation.

Der einzige kostenlose Sex ist die Masturbation.

I´m doing very well with my mate. If my husband finds out he would kill me.

Mir und meinem Partner geht es sehr gut. Wenn men Mann davon erfährt, würde er mich umbringen.

Men are like snails because they think they own the shell.

Männer sind wie Schnecken, weil sie denken, dass ihnen die Muschel gehört.

Motherhood is a certainty. Fatherhood is a hypothesis.

Mutterschaft ist eine Gewissheit. Vaterschaft nur eine Hypothese

Written sex is a good add on to oral sex.

Geschriebener Sex ist eine nette Ergänzung zum Oralsex.

Pornography is the veil for sex.

Pornografie ist eine Verschleierung von Sex.

Flirt is empty sex.

Ein Flirt ist leerer Sex.

Love is Chemistry. Sex is Physics.

Liebe ist Chemie. Sex ist Physik.

Women go after mean men with good gens.

Frauen suchen nach gemeinen Männern mit guten Genen.

There are no ugly women. Just women dressed up not enough.

Es gibt keine hässlichen Frauen. Manche takeln sich nur nicht genug auf.

Love is an overestimation of the other´s skills.

Liebe ist eine Überschätzung der Fähigkeiten anderer.

Whatever women do is foreplay. Everything leads to an orgasm.

Frauen machen immer nur Vorspiel, und trotzdem führt alles immer zum Orgasmus.

"Sex is dirty only if you don´t shower." *(Madonna)*

„Sex ist nur schmutzig, wenn du dich nicht duschst." *(Madonna)*

When a woman is wrong she needs to be pardoned. When a man is wrong he needs to apologize.

Wenn eine Frau Unrecht hat, muss sie verzeihen. Wenn ein Mann Unrecht hat, muss er sich entschuldigen.

Marriage was created to have sex for free.

Die Hochzeit wurde eingeführt, um kostenlosen Sex haben zu können.

Love is analogical. Masturbation is digital.

Liebe ist analog. Masturbation ist digital.

Women get married while they are waiting for the man of her life.

Frauen heiraten, während sie auf den Mann ihres Lebens warten.

Couples end with neither penis nor glory.

Paare enden weder mit Penis, noch Ruhm.

A man is successful when he gets money, fame and social standing. A woman is successful when she gets that man.

Ein Mann ist erfolgreich, wenn er Geld, Ruhm und einen sozialen Status hat. Eine Frau ist erfolgreich, wenn sie diesen Mann kriegt.

A woman needs one horsepower to reach an orgasm.

Eine Frau braucht einen PS, um zum Orgasmus zu kommen.

Lovers look like microwave. In the beginning they seem to be good for everything. In the end they are used just for warming up.

Ein Liebespaar sieht wie eine Mikrowelle aus. Am Anfang scheint sie gut für alles, doch am Ende wird sie nur zum Aufwärmen verwendet.

Clandestine sex is not worthwhile. It means 10 minutes of sex and 24 hours of guilt.

Heimlicher Sex lohnt sich nicht. Das sind nur 10 Minuten Spaß und 24 Stunden Schuldgefühle.

New penis feels good.

Ein neuer Penis fühlt sich gut an.

Love is poetry. Marriage is prose.

Liebe ist Poetrie. Ehe eine Prosa.

Women start as whores, then become mothers and end up as nurses.

Die Frau fängt als Hure an, wird dann Mutter und endet als Krankenschwester.

Women get married to have 3 animals: a Jaguar in the garage, a mink in the drawer and a lion in the bedroom.

Frauen heiraten für drei Tiere: einen Jaguar in der Garage, einen Nerz in der Schublade und einen Löwen im Schlafzimmer.

Anatomy is fate *(Freud).*

Die Anatomie ist Schicksal. *(Freud)*

The difference between "Oh my God" and "Oh God" is the size.

Der Unterschied zwischen „Oh mein Gott" und „Oh Gott" ist die Größe.

Loving is giving what you don´t have to somebody that is not what you think.

Liebe heißt, jemandem etwas zu geben, was du nicht hast und nicht das ist, was du denkst.

Women can fake and orgasm. Men can´t fake an erection.

Frauen können einen Orgasmus vortäuschen, doch Männer keine Erektion.

Women are gentropic. They go where good gens can be found.

Frauen sind gentropisch. Man findet sie dort, wo gute Gene sind.

Women are orgasm tropic. They go where good orgasms can be found.

Frauen sind Orgasmus-tropisch. Man findet sie dort, wo gute Orgasmen sind.

10

Love is an alibi for sex.

Liebe ist ein Alibi für Sex.

Woman bisexual confession: when I want to make love I sleep with a woman. When I want to fuck I sleep with a man.

Das bisexuelle Geständnis einer Frau: wenn ich Liebe machen will, schlafe ich mit einer Frau. Wenn ich ficken will, schlafe ich mit einem Mann.

Men prefer women that use Gmail because they know right away where the G spot is located.

Männer bevorzugen Frauen, die Gmail nutzen, da sie sofort wissen, wo der G-Punkt ist.

Love is magic when the man pushes a button and the woman disappears.

Liebe ist wie Magie: „enn der Mann einen Knopf drückt ist die Frau verschwunden.

A lesbian is a woman doing a man´s job.

Eine Lesbe ist eine Frau, die einen Männerjob verrichtet.

Sex is doing time while we wait for love.
Sex ist eine Absitzzeit, während wir auf Liebe warten.

"Sex is just like Money. Only too much is enough"
(John Updike).

„Sex ist wie Geld. Nur zu viel ist genug". *(John Updike)*

Sex is a relief prize when love is absent.

Sex ist ein Trostpreis, wenn keine Liebe anwesend ist.

Pearls are expensive because they grow inside a conch.

Perlen sind teuer, weil sie in einer Muschelschale wachsen.

Women are strong in their weakness and men are weak in their strength.

Frauen sind stark in ihrer Schwäche und Männer sind schwach in ihrer Stärke.

Masturbation is spermicidal.
Die Masturbation ist spermizidisch.

Men behave like spermatozoids. Women behave like ovules.

Männer verhalten sich wie Spermatozoiden und Frauen wie Eizellen.

Good genes are bad husbands.

Gute Gene sind schlechte Ehemänner.

"What I like most about your tongue is the word". *(Julio Cortázar)*

„Was ich an deiner Zunge am meisten mag, ist das Wort". *(Julio Cortázar)*

Premature ejaculator is every man that finishes before his woman does.

Eine vorzeitige Ejakulation ist alles vor dem Orgasmus der Frau.

A man lasts what his erection does.
Ein Mann hält, was seine Erektion tut.

DIE MATRIX DER LIEBE

Options Optionen	Fool woman Dumme Frau	Clever woman Clevere Frau
Fool Man Dummer Mann	PREGNANCY SCHWANGERSCHAFT	MARRIAGE EHE

Clever man Cleverer Mann	ADVENTURE ABENTEUER	ROMANCE ROMANTIK

Porn videos are dull because the end is always the same.

Pornos sind langweilig, weil das Ende immer gleich ist.

Erection lasts whatever lasts.

Eine Erektion dauert wie lange sie dauert.

Pornography is the delusion of genetic diversity always renewed.

Pornografie ist die immer wiederkehrende Illusion der genetischen Vielfalt.

Every man exaggerates his sex life. Every woman minimizes it.

Jeder Mann übertreibt es mit seinem Sexualleben. Die Frau dagegen minimiert es.

Masturbation is the only safe sex.

Masturbation ist der einzige Safe Sex.

The only war where enemies sleep together is the war of sexes.

Der einzige Krieg, in dem Feinde zusammen schlafen, ist der Geschlechterkrieg.

The paradox of oral sex is that you can't talk while it lasts.

Das Paradoxe am Oralsex ist, dass man währenddessen nicht reden kann.

A trembling girlfriend with hot skin is in love. A trembling with hot skin wife has the flu.
Eine zitternde Freundin mit heisser Haut ist verliebt.
Eine mit heisser Haut zitternde Frau hat die Grippe.

It was a movie love story. It lasted only 2 hours.

Es war ein Liebesfilm. Hat nur 2 Stunden gedauert.

Women dress up with a credit card and undress for cash.

Frauen kleiden sich mit einer Kreditkarte und ziehen sich gegen Bargeld aus.

Older men prefer virgins because they need a miracle.

Ältere Männer bevorzugen Jungfrauen, weil sie ein Wunder brauchen.

The real vengeance of a lover is oblivion.

Die wahre Rache eines Liebhabers ist die
Nichtbeachtung.

**One advantage of masturbation is that nobody
complains.**

Ein Vorteil der Masturbation ist, dass sich
niemand beschwert.

**Some women don´t take blood transfusions from
their husband because they claim is not her
type.**

Manche Frauen nehmen keine Bluttransfusionen von
ihren Ehemännern entgegen, weil sie behaupten, es
sei nicht ihr Typ.

**Masturbation is the final solution for premature
ejaculation.**

Die Masturbation ist die endgültige Lösung gegen eine
vorzeitige Ejakulation.

**Between two wrong loves the loser chooses to stay
with both.**

Zwischen zwei falschen Lieben entscheidet sich ein
Loser für beide.

The difference between seduction and rape is time.

Der Unterschied zwischen Verführung und Vergewaltigung ist die Zeit, die es in Anspruch nimmt.

My weaknesses are stronger than myself.
Meine Schwächen sind starker als ich selbst.

Some women are flame retardant. They burn but don´t turn into ashes.

Manche Frauen sind feuerfest. Sie sind zwar brennend heiß, werden aber nie zu Asche.

You shouldn´t hide your ass in front of a syringe.

Du solltest deinen Arsch nicht vor eine Spritze verstecken.

- Darling. If we had left only 30 minutes of life. What would you do?
- I´d make love to you
- And the other 20 minutes?

- Liebling. Wenn wir nur 30 Minuten zum Leben hätten, was würdest du tun?
- Ich würde mit dir Liebe machen
- Und die restlichen 20 Minuten?

The convertibles are so because they convert virgins into women.

Cabrios sind umwandelbare Autos, die Jungfrauen in Frauen verwandeln.

Marriage turns your half orange into a half lemon.

Die Ehe verwandelt deine halbe Orange in eine halbe Zitrone.

A mate solves problems we didn´t have before.

Ein Partner löst Probleme, die wir vorher nicht hatten.

Brides turn breathless. Wives suffocate.

Bräute werden atemlos. Ehefrauen ersticken.

Marriage is the main cause of divorce.

Die Ehe ist die Hauptursache einer Scheidung.

Love is a magic act. Nothing here, nothing there, and suddenly...

Die Liebe ist wie Magie. Erst ist nichts hier oder dort, und dann plötzlich...

The octopus has 8 arms and 3 hearts. She is the most romantic creature.

Der Oktopus hat 8 Arme und 3 Herzen und ist damit das romantischste Wesen.

Husbands are environment compliant because they don´t use batteries.

Ehemänner sind nachgiebig, weil sie keine Batterien verwenden.

The man in love is a fool because there is not enough blood for everything.

Ein verliebter Mann ist ein Narr, weil das Blut nicht überall gleichzeitig hinkann.

Size is important because the man thinks so.

Die Größe ist wichtig, weil der Mann so denkt.

Women get married doing time while waiting or the man of her life.

Frauen heiraten und sitzen die Zeit ab, während sie auf den Mann ihres Lebens warten.

The premature ejaculators arrive too early to their appointment with the sexologist.

Vorzeitige Ejakulatoren erscheinen grundsätzlich zu früh beim Sexologen.

The sixty nine among cannibals is a sign of trust.

Die Neunundsechzig unter Kannibalen ist eindeutig ein Zeichen des Vertrauens.

After sex men sleep while women dream.

Nach dem Sex schlafen die Männer und die Frauen träumen.

The feminists are women with no ambitions.

Feministinnen sind Frauen ohne Ambitionen.

A man has the age of the woman he loves.

Ein Mann ist so alt wie die Frau, die er liebt.

Sex is like life insurance: more aged is more expensive.

Sex ist wie eine Lebensversicherung: je bejahrter, desto teurer.

Anal sex is a painful matter for women.

Analsex ist eine schmerzhafte Angelegenheit für Frauen.

Nobody is perfect until you fall in love.

Niemand ist perfekt, bis du dich verliebst.

Sex and lobsters can´t be made good at home.

Sex und Hummer können Zuhause einfach nicht gut gemacht werden.

Women talk more than men because they have three pairs of lips.

Frauen reden mehr als Männer, weil sie drei Lippen haben.

Deaf gynecologists diagnose by lip reading.

Taube Frauenärzte diagnostizieren durch Lippenlesen.

Viagra: Messiah for penises.

Viagra: Der Messias für Penisse.

Sex is the survival tool for gens.

Sex ist ein Überlebenswerkzeug für Gens.

Women have to purchase the whole animal to get the sausage. Not fair.

Frauen müssen für die Wurst das ganze Tier kaufen.
Das ist nicht fair.

Love is over when sex becomes a job.

Die Liebe ist vorbei, wenn Sex zu einer Verpflichtung
wird.

**Love is over when the woman grabs the remote
control.**

Die Liebe ist vorbei, sobald die Frau nach der
Fernbedienung greift.

Masturbation is genocide.

Masturbation ist Völkermord.

No spasm, no orgasm.

Kein Spasmus, kein Orgasmus.

Masturbation is self-managed sex.

Die Masturbation ist Sex der eigenen Art.

Cheating is outsourced sex.

Fremdgehen ist das Outsourcing von Sex.

Women are like tile floor. They get slippery when wet.

Frauen sind wie Fliesenboden. Sie werden rutschig, wenn sie nass sind.

Love is looked upon with a microscope. Marriage is looked upon with a telescope.

Die Liebe wird mit einem Mikroskop betrachtet, die Ehe mit einem Teleskop.

After the climax the other´s weight is doubled.

Nach dem Höhepunkt verdoppelt sich das Gewicht des anderen.

Love is like a disease. Vaccinated is better.

Die Liebe ist wie eine Krankheit und sollte besser geimpft werden.

Men want to be the first love. Women want to be the last.

Männer wollen die erste Liebe sein, Frauen dagegen die Letzte.

Love is a reciprocal misunderstanding.

Die Liebe ist ein gegenseitiges Missverständnis.

Women first turn in their heart to deliver their body. Men do all the opposite.

Bei Frauen wird erst das Herz bewegt, bei Männern der Körper.

Men love women who love children who love pets.

Männer lieben Frauen, die Kinder lieben, die wiederum Haustiere lieben.

Love is the answer. What is the question?

Liebe ist die Antwort. Doch wie lautet die Frage?

Loveless sex is good for you heart.

Liebloser Sex ist gut fürs Herz.

Love is an illusion that marriage unveils.

Die Liebe trägt eine Illusion, die mit der Ehe enthüllt wird.

Love in the third age is a heart bypass.

Die Liebe im hohen Alter ist ein Herz-Bypass.

Women keep marrying until the find true love.

Frauen heiraten immer weiter, bis sie die wahre Liebe finden.

Love is a paradisiacal island all surrounded by expenses.

Die Liebe ist eine paradiesische Insel mit vielen Kosten.

When in love one plus one are three.

Wenn man verliebt ist, ergeben eins und eins drei.

Adolescence is the transition phase between puberty and adultery.

Die Pubertät ist die Übergangsphase zwischen Pubertät und Ehebruch.

When love calls you better don´t be busy on the phone.

Wenn die Liebe anruft, sollte dein Telefon lieber nicht besetzt sein.

If men get married for interest, women do so for capital.

Wenn Männer wegen Zinsen heiraten, tun Frauen es
für Kapital.

The best phrase for a woman is "communal property".

Der beste Ausdruck für eine Frau ist
„gemeinschaftliches Eigentum".

Love is a roller coaster. Marriage is a Sunday stroll.

Die Liebe ist wie eine Achterbahn, die Ehe dagegen
ein Sonntagsspaziergang.

Pornography is what arouses the judge of the case.

Pornographie erregt den Richter des Falls.

For a woman erection is like a valid credit card.

Für eine Frau ist die Erektion wie eine gültige
Kreditkarte.

**Adultery is Christian charity because puts ourselves in
the place of the other.**

Der Ehebruch ist wie christliche Nächstenliebe, weil
wir uns in den anderen hineinversetzen.

Men pay for sex because they don´t know how to do it.

Männer zahlen für Sex, weil sie nicht wissen, wie es geht.

Don´t leave for tomorrow the orgasm you can have today.

Wenn du heute kannst einen Orgasmus besorgen, dann warte damit nicht bis morgen.

Engagement party is an oxymoron.

Eine Verlobungsfeier ist ein Oxymoron.

The problem with incest is that close relatives get involved.

Das Problem mit Inzest ist, dass enge Verwandte beteiligt sind.

Atheists don´t have whom to thank when in climax.

Atheisten können während des Orgasmus niemandem danken.

Some massage parlors only have self service.

Einige Massagesalons bieten nur Selbstbedienung.

The G spot is a World Cultural Heritage of Humanity.

Der G-Punkt ist ein Weltkulturerbe der Menschheit.

Women dress up for women and undress for men.

Frauen ziehen sich für Frauen an und für Männer aus.

In group therapy we listen to the problems. In group sex we see them in action.

In der Gruppentherapie hören wir uns die Probleme an und beim Gruppensex sehen wir sie in Aktion.

For men sex leads to intimacy. For women is all the way around.

Für Männer führt Sex zu Intimität. Für Frauen ist es andersherum.

Swingers turn foreplay into fourplay.

Ein Swinger verwandelt das Vorspiel in ein Vierspiel.

The only wrong thing about oral sex is the sight.

Das einzig Falsche an Oralsex ist die Aussicht.

One feather is sensual. The whole chicken is pornographic.

Eine Feder ist sinnlich. Das ganze Huhn dagegen pornografisch.

Women don´t pay prostitutes for sex but to let them go right after.

Frauen zahlen keine Prostituierten für Sex, sondern lassen sie gleich danach gehen.

Men pay to spend time with women. Sex is free.

Männer zahlen, um Zeit mit Frauen verbringen zu können . Der Sex ist kostenlos.

Any person having more sex than you is promiscuous.

Jede Person, die mehr Sex hat als du, ist promiskuitiv.

Pre marital sex exists only when there are marriage plans.

Vorehelicher Sex existiert nur bei bestehenden Eheplänen.

Sex is like poker. You need a good hand.

Sex ist wie Poker. Du brauchst eine gute Hand.

No hard feeling is another name for impotence.

29

Keine harten Gefühle ist ein anderer Begriff für
Impotenz.

**The difference between erotism and pornography is
the light available in the room.**

Der Unterschied zwischen Erotik und Pornografie ist
das Licht im Raum.

**Sex degrades women only when you don´t know how
to do it.**

Sex degradiert Frauen nur, wenn man nicht weiß, wie
man es tut.

Sex is safe when the car is equipped with airbag.

Sicherer Sex ist, wenn das Auto mit einem Airbag
ausgestattet ist.

**A lover is like a magician doing the trick through the
radio.**

Ein Liebhaber ist wie ein Zauberer, der den Trick
durch das Radio vorführt.

**When women stop having orgasms with the husband
they take a lover to have a second opinion.**

Wenn die Frau keinen Orgasmus mehr mit dem Ehemann bekommt, nehmen sie sich einen Liebhaber für eine zweite Meinung.

Catholic women avoid pregnancy using Math, not Chemistry nor Physics.

Katholische Frauen meiden eine Schwangerschaft mithilfe der Mathematik, nicht Chemie oder Physik.

Orgasm tells us when to stop.

Der Orgasmus sagt uns, wann es an der Zeit ist, aufzuhören.

Sex begins to be a job when the wife leaves the matter in the hands of the maid.

Sex wird zur Verpflichtung, wenn die Ehefrau die Sache dem Hausmädchen überlässt.

We call man whatever is around the penis and woman whatever is around the vagina.

Wir nennen „Mann", was um den Penis herum ist und „Frau", was sich um die Vagina herum befindet.

Romanticism is the password for sex.

Romantik ist das Passwort für Sex.

THE MOST FRIGHTENING WORDS FOR A MAN BEFORE, DURING OR AFTER SEX.

DIE FURCHTERREGENDSTEN WORTE FÜR MÄNNER VOR, WÄHREND ODER NACH DEM SEX.

- No yet, please. Hold it!

- Noch nicht. Bitte halt noch etwas länger durch!

-Are we waiting for reinforcements?

- Warten wir auf Verstärkung?

-This is what it is.

- Es ist, was es ist.

-Gravity is to blame.

- Die Schwerkraft ist schuld.

-Whatever goes up goes down.

- Was hoch geht, geht auch runter.

-Uauuh...your feet are huge!

- Uwaah...deine Füße sind ja riesig!

-Mamie, now I have to hang up.

- Mami, ich muss jetzt auflegen.

-It´s OK. We´ll manage.

- Ist schon ok. Das kriegen wir schon irgendwie hin.

-Can I be honest with you?

- Kann ich ehrlich mit dir sein?

-Thanks, so sweet of you...

- Danke, das ist so lieb von dir...

-At least... it won´t last long.

- Wenigstens wird es nicht lange anhalten.

-Never saw something like that.

- So etwas habe ich ja noch nie gesehen.

-It looks brand new.

- Sieht wie neu aus.

-Are you having steroids?

- Nimmst du Steroide?

-Let´s go direct to smoking...

- Lass uns direkt zum Rauchen übergehen...

-Didn´t know you had an accident... -

- Ich wusste nicht, dass du einen Unfall hattest...

Are you cold?

- Ist dir kalt?

-What is that, an optical illusion?

- Was ist das? Eine optische Täuschung?

-So good you have other skills...

- Es ist schön, dass du auch noch andere Sachen kannst.

-How come you have two navels?

- Wie kommt es, dass du zwei Bauchnabel hast?

-Where is the rest?

- Wo ist der Rest?

-Is it OK to bend like that?

- Ist es ok, wenn ich ihn so biege?

-It´s OK. I´ll finish this me.

- Ist schon ok. Ich mach das schon.

-Is already inside?

- Ist er schon drin?

-Is it over?

- Ist es vorbei?

-Not your fault.

- Ist nicht deine Schuld.

Why do you wake me up? You know where everything

is.

Warum weckst du mich auf? Du weißt doch, wo alles ist.

-Is that all?

- Ist das alles?

-It doesn´t matter honey. It was OK.

- Ist egal, Schatz. Es war ok.

-Is it cold?

- Ist es kalt?

- Can you please arrange my gown when you are finished?

- Kannst du bitte mein Kleid zurechtrücken, wenn du fertig bist?

-The first time is always difficult.

- Das erst Mal ist immer schwer.

-Meter, now I have to hung up.

- Meter, jetzt muss ich auflegen.

-What happened? ¿The fuses went off?

- Was ist passiert? Ist der Strom ausgefallen?

-Uy, it´s so nice!

- Oh ja, das ist so gut!

-Stop please, I´m not feeling anything...

- Kannst du bitte damit aufhören, ich spüre nichts...

FORBIDDEN PHRASES FOR MEN BECAUSE WOMEN TURN COLD

VERBOTENE SÄTZE FÜR MÄNNER, DIE FRAUEN ZUR WEISSGLUT BRINGEN

-You shouldn´t worry too much.

- Mach dir nicht zu viele Gedanken.

-That is not what I said.

- Das habe ich nicht gesagt.

-You´re exaggerating...

- Du übertreibst...

-I´m sorry. Can we forget it?

- Tut mir leid. Können wir das einfach vergessen?

-Why you just don´t do it?

- Warum machst du es dann nicht einfach?

-But we have already talked about it.

- Aber wir haben doch schon darüber gesprochen.

-That is not what I meant.

- Das meinte ich damit nicht.

-You shouldn´t feel that way.

- So solltest du dich nicht fühlen.

OK, let´s forget it.

Ok, vergessen wir das einfach.

-I´ll cleans up the garage. Will that make you happy?

- Ich werde die Garage aufräumen. Zufrieden?

-If you are going to complain like that, you better don´t.

- Wag es ja nicht, dich zu beschweren.

- OK. From now on we´ll do it that way.

- Ok. Von nun an machen wir es so.

-Can you go to the point?

- Kannst du endlich mal auf den Punkt kommen?

-All you have to do is ...

- Alles, was du tun musst, ist...

-This is not what happened.

- So ist das nicht passiert.

TRIBUTE TO GROUCHO MARX
ZU EHREN VON GROUCHO MARX

Does it have a happy ending?

Gibt es ein Happy End?

Die, my dear? That's the last thing I'll do!

Verrecken, mein Schatz? Das ist das Letzte, das ich tun werde.

"She got her looks from her father. He's a plastic surgeon."

„Das Aussehen hat sie von ihrem Vater. Er ist plastischer Chirurg."

"Next time I see you, remind me not to talk to you."

„Erinnere mich daran, das nächste mal nicht mit dir zu reden, falls wir uns nochmal sehen."

"Some people claim that marriage interferes with romance. There's no doubt about it. Anytime you have a romance, your wife is bound to interfere."

„Manche Leute behaupten, dass die Ehe der Romantik in die Quere kommt. Und das stimmt auch, denn immer, wenn du romantisch bist, mischt sich deine Frau ein."

"Paying alimony is like feeding hay to a dead horse."

„Unterhalt zu zahlen ist wie Heu an ein totes Pferd zu verfüttern."

"I have had a perfectly wonderful evening... but this wasn't it?"

„Ich hatte den perfekten Abend... aber das war er nicht?"

"I never forget a face. But in your case I'll make an exception."

„Ich vergesse nie ein Gesicht. Aber in deinem Fall mache ich eine Ausnahme."

"I never go to movies where the hero's tits are bigger than the heroine's."

„Ich sehe mir keinen Film an, wo die Titten vom Helden größer sind als die der Heldin."

"Behind every successful man is a woman, behind her is his wife."

„Hinter jedem erfolgreichen Mann steht eine Frau, und hinter ihr seine Ehefrau.

"Come on in girls, and leave all hope behind."

„Kommt rein Mädels, und lasst alle Hoffnung
draußen."

"I have had a wonderful time but this wasn't it."

„Ich hatte eine wunderschöne Zeit, aber es war nicht
diese."

I remember the first time I had sex. I kept the receipt.

Ich erinnere mich noch ein mein erstes Mal. Die
Quittung habe ich noch.

**"I never forget a face, but in your case I'll be glad to
make an exception..."**

„Ich vergesse nie ein Gesicht, aber in deinem Fall
mache ich gerne eine Ausnahme..."

**"I've been looking for a girl like you... not you... but a
girl like you."**

„Ich habe nach einem Mädchen wie dir gesucht... nicht
dir... aber einer wie dir."

"A man's only as old as the woman he feels."

„Ein Mann ist nur so alt, wie die Frau, die er spürt."

"Paying alimony is like feeding hay to a dead horse".

„Unterhalt zu zahlen ist wie Heu an ein totes Pferd
zu verfüttern."

**When I invite a woman to dinner, I expect her to look
at my face; that's the price she has to pay**

Wenn ich eine Frau zum Essen einlade, erwarte ich
von ihr, mir ins Gesicht zu sehen – das ist der Preis,
den sie zahlen muss.

**I've been around so long, I knew Doris Day before she
was a virgin.**

Ich lebe schon so lange, dass ich Doris Day kannte,
bevor Sie eine Jungfrau war.

**The husband who wants a happy marriage should
learn to keep his mouth shut and his checkbook open.**

Der Ehemann, der eine glückliche Ehe führen will,
sollte lernen, seinen Mund zu und sein Scheckbuch
offen zu halten.

**"I was married by a judge... I should have asked for a
jury."**

„Ich wurde von einem Richter verheiratet... ich hätte
nach einer Jury fragen sollen."

"How would you like to feel the way she looks?"

„Wie würdest du dich fühlen, wenn du wie sie aussehen würdest?"

"Man does not control his own fate; the women in his life do that for him..."

„Der Mann kontrolliert nicht sein eigenes Schicksal. Das tut die Frau in seinem Leben..."

"Marriage is the chief cause of divorce."

„Die Ehe ist die Hauptursache einer Scheidung."

TRIBUTE TO MARLENE DIETRICH
ZU EHREN VON MARLENE DIETRICH

"It's the friends you can call up at 4 a.m. that matter"

„Es sind die Freunde, die man um 4 Uhr morgens anrufen kann, welche von Bedeutung sind."

Glamour is what I sell; it's my stock in trade.

Ich verkaufe Glamour; das ist mein Warenbestand

"Grumbling is the death of love"

„Gemecker ist der Tod der Liebe."

"I am, at heart, a gentleman."

„Im Herzen bin ich ein Gentleman."

"Most women set out to try to change a man, and when they have changed him they do not like him"

„Die meisten Frauen versuchen, den Mann zu ändern, und wenn sie es geschafft haben, mögen sie ihn nicht mehr."

"Latinos are tenderly enthusiastic. In Brazil they throw flowers at you. In Argentina they throw themselves.

„Latinos sind leicht zu begeistern. In Brasilien werfen sie einem Blumen hinterher, und in Argentinien werfen sie sich selbst."

"I do not think we have a "right" to happiness. If happiness happens, say thanks."

„Ich glaube nicht, das wir das „Recht" haben, glücklich zu sein. Aber wenn wir es sind, solltest du dafür dankbar sein."

"Darling, the legs aren't so beautiful, I just know what to do with them"

„Liebling, die Beine sind nicht so hübsch, ich weiß nur, was ich damit tun soll."

"To be completely woman you need a master, and in him a compass for your life. You need a man you can look up to and respect"

„Ganz Frau sein muss man meistern und einen Kompass fürs Leben haben. Du brauchst einen Mann, zu dem du aufsehen und den du respektieren kannst."

"In America, sex is an obsession, in other parts of the world it's a fact.

„In Amerika ist Sex eine Besessenheit, in anderen Ländern ist es eine Tatsache."

TRIBUTE TO MAE WEST
ZU EHREN VON MAE WEST

I only like two kinds of men, domestic and imported

Mir gefallen nur zwei Arten von Männern: die inländischen und die importierten

"I'm a woman of very few words, but lots of action"

„Ich bin eine Frau weniger Worte, aber großer Taten."

46

"Look your best. Who said love is blind?"

„Zieh dir etwas schickes an. Wer sagt, dass Liebe blind ist?"

"Marriage is a great institution, but I'm not ready for an institution"

„Die Ehe ist eine tolle Institution, für die ich aber noch nicht bereit bin."

"Sex is an emotion in motion."

„Sex ist eine bewegliche Emotion."

"To err is human, but it feels divine"
„Irren ist menschlich, fühlt sich aber auch göttlich an."

"There are no good girls gone wrong. Just bad girls found out."

„Es gibt keine guten Mädchen, die auf die schiefe Bahn greaten sind. Böse fanden es nur heraus."

"I generally avoid temptation unless I can't resist it"

„Generell meide ich Versuchung, es sei denn, ich kann nicht widerstehen."

"I only have 'yes' men around me. Who needs 'no' men?"

„Ich habe nur „Ja"-Männer um micht herum. Wer braucht denn auch „Nein"-Männer?

"Every man I meet wants to protect me. I can't figure out what from."

„Jeder Mann, den ich getroffen habe, will mich beschützen. Ich weiß nur nicht vor was."

"Between two evils, I always pick the one I never tried before.

„Zwischen zwei Bösen wähle ich immer das, mit dem ich noch nie etwas hatte."

"Sex with love is the greatest thing in life. But sex without love, that's not so bad either."

„Sex mit Liebe ist das tollste im Leben. Aber Sex ohne Liebe ist auch nicht so schlecht."

"I do all my best work in bed."

„Meine beste Arbeit verrichte ich im Bett."

"Women like a man with a past, but they prefer a man with a present."

„Frauen mögen Männer mit einer Vergangenheit, aber bevorzugen Männer mit einer Gegenwart."

"I'm single because I was born that way."

„Ich bin Single, weil ich so geboren wurde."

"Anything worth doing is worth doing slowly."

„Alles, was ein Tun wert ist, darf auch langsam getan werden."

"Between two evils, I always pick the one I never tried before."

„Zwischen zwei Bösen wähle ich immer das, mit dem ich noch nie etwas hatte."

"I'll try anything once, twice if I like it, three times to make sure."

„Ich werde alles wenigstens einmal probieren, zweimal, wenn ich es mag, und ein drittes Mal, um sicherzugehen."

"An orgasm a day keeps the doctor away"

„Ein Orgasmus am Tag hält den Doktor fern."

"Tell the pretty men they're smart and tell the smart ones they're pretty"

„Sag den schönen Männern, dass sie schlau sind, und den Schlauen, dass sie schön sind."

"Sex is like bridge; if you don't have a good partner, you better have a good hand"

„Sex ist wie eine Brücke: Hast du keinen guten Partner, brauchst du eine gute Hand."

Love thy neighbor - and if he happens to be tall, debonair and devastating, it will be that much easier.

Liebe deinen Nächsten - und wenn er groß, gutmütig und verheerend ist, ist es gleich sehr viel einfacher.

"I consider sex a misdemeanor; the more I miss, the meaner I get"

„Ich halte Sex für ein Vergehen; je mehr ich es misse, desto gemeiner werde ich."

"Give a man a free hand and he'll run it all over you"

„Gib einem Mann eine freie Hand und er wird sie ganz an dir ausnutzen."

"A man's kiss is his signature"

„Der Kuss eines Mannes ist seine Signatur."

"I lost my reputation but never missed it"

„Ich habe meinen Ruf verloren, aber nie vermisst."

"You only live once, but if you do it right, once is enough"

„Man lebt nur einmal, aber wenn du es richtig tust, reicht das auch."

A woman in love can't be reasonable - or she probably wouldn't be in love.

„Eine verliebte Frau kann nicht vernünftig sein – sonst wäre sie sicher nicht verliebt."

I've been things and seen places.

„Ich war bereits Dinge und habe Orte gesehen."

"Reputation is everything"

„Ruf ist alles."

Don't keep a man guessing too long. He's sure to find the answer somewhere else.

„Lasse einen Mann nicht zu lange im Dunkeln tappen, sonst holt er sich seine Antworten woanders."

"I've been in more laps than a napkin"

„Ich lag in mehr Schößen als eine Serviette."

"When choosing between two evils, I always like to try the one I've never tried before."

„Zwischen zwei Bösen wähle ich immer das, mit dem ich noch nie etwas hatte."

"The score never interested me, only the game"

„Die Punktzahl hat mich nie interessiert. Nur das Spiel."

"You are never too old to become younger!."

„Du bist nie zu alt, um jünger zu werden!"

"Is that a gun in your pocket, or are you just happy to see me?"

„Ist das da eine Pistole in deiner Tasche oder bist du einfach nur froh, mich zu sehen?"

"I never loved another person the way I loved myself."

„Ich habe noch nie jemanden so geliebt, wie ich mich selbst.“

"I have found men who didn't know how to kiss. I've always found time to teach them."

„Ich bin bereits Männern begegnet, die nicht küssen konnten. Ich habe mir immer die Zeit genommen, es ihnen beizubringen.“

"Getting married is like trading in the adoration of many for the sarcasm of one."

„Die Hochzeit ist wie der Handel der Anbetung vieler für den Sarkasmus von einem.“

"When women go wrong, men go right after them."

„Wenn Frauen falsch liegen, rennen Männer ihnen gleich hinterher.“

"A man in the house is worth two in the street"

„Ein Mann im Haus ist zwei auf der Straße wert.“

"Between two evils, I always pick the one I never tried before"

„Zwischen zwei Bösen wähle ich immer das, mit dem ich noch nie etwas hatte."

When I'm good I'm very, very good, but when I'm bad, I'm better.

„Wenn ich gut bin, dann sehr gut, aber schlecht bin ich umso besser."

"Don't marry a man to reform him - that's what reform schools are for."

„Heirate keinen Mann, um ihn zu reformieren - dafür gibt es Reformschulen."

"When in doubt, take a bath..."

„Wenn ich zweifle, nehme ich ein Bad..."

TRIBUTE TO WOODY ALLEN
ZU EHREN WOODY ALLEN

"Sex dirty only when is done right."

„Sex ist nur schmutzig, wenn man es richtig macht."

"I don't know the question, but sex is definitely the answer."

"Ich kenne die Frage zwar nicht, aber Sex ist definitive die Antwort."

"Bisexuality immediately doubles your chances for a date on Saturday night"

„Bisexualität verdoppelt die Chancen auf ein Date am Samstagabend."

"Remember, if you smoke after sex you're doing it too fast."

„Denk daran, wenn du nach dem Sex rauchst, ist es zu schnell vorbei."

"In my house I'm the boss, my wife is just the decision maker."

„In meinem Haus bin ich der Boss, meine Frau ist nur der Entscheidungsträger."

"Love is the answer... but while you're waiting for the answer sex raises some pretty good questions."

„Liebe ist die Antwort... aber während du auf die Antwort wartest wirft Sex ein paar gute Fragen auf."

"I was nauseous and tingly all over. I was either in love or I had smallpox."

„Mir war übel und es kribbelte am ganzen Körper. Entweder war ich verliebt oder hatte Pocken."

"The heart wants what it wants."

„Das Herz will, was es will."

"I'm such a good lover because I practice a lot on my own".

„Ich bin so ein guter Liebhaber, weil ich viel alleine übe."

"Men learn to love the woman they are attracted to. Women learn to become attracted to the man they fall in love with.

„Männer lernen, die Frau zu lieben, zu denen sie sich hingezogen fühlen. Frauen lernen, sich zu dem Mann hingezogen zu fühlen, in den sie sich verlieben.

"Sex without love is an empty experience, but as empty experiences go it's one of the best."

„Sex ohne Liebe ist eine leere Erfahrung, aber dafür auch am besten."

Perform sex? Uh, uh, I don't think I'm up to a performance, but I'll rehearse with you, if you like.

Sex performen? Ich glaube nicht, dass ich dazu bereit bin, aber wir können gerne zusammen proben.

"Sex between a man and a woman can be absolutely wonderful; provided you get between the right man and the right woman..."

"Sex zwischen einem Mann und einer Frau kann absolut wunderbar sein; vorausgesetzt du sitzt zwischen dem richtigen Mann und der richtigen Frau..."

"My brain? It's my second favorite organ"

„Mein Gehirn? Das ist mein zweitliebstes Organ."

"Sex between two people is a beautiful thing. Between five it's fantastic."

„Sex zwischen zwei Leuten ist schön, aber mit fünf ist es fantastisch."

"Oral contraceptive? The word "no."

„Orales Kontrazeptivum? Das Wort lautet „Nein.

 "

"I finally had an orgasm and my doctor told me it was the wrong kind."

„Endlich hatte ich einen Orgasmus, aber mein Arzt meinte, es wäre der falsche gewesen."

"Sex is like death... only after death you don't feel like a pizza"

„Sex ist wie der Tod. Nur nach dem Tod fühlt man sich nicht wie eine Pizza."

"Sex is nobody's business except the three people involved."

„Sex geht niemanden etwas an, außer den drei Leuten, die involviert sind."

"I have an intense desire to return to the womb... anybody's."

„Ich habe das dringende Bedürfnis, in die Gebärmutter zurückzukehren. Egal welche."

"Sex alleviates tension; love causes it.."

„Sex lindert Spannungen; Liebe verursacht sie."

"When he tells you he wants to exchange ideas, what he really wants is to exchange fluids."

„Wenn er dir sagt, dass er sich austauschen will, dann meint er damit nur den Austausch von Flüssigkeiten."

Talk is what you suffer through so you can get to sex."
Reden muss man, wenn man bis zum Sex kommen
will."

"The only time my wife and I had a simultaneous
orgasm was when the judge signed the divorce
papers."

„Das einzige Mal, wo meine Frau und ich einen
gleichzeitigen Orgasmus hatten, war, als wir beide die
Scheidungspapiere unterschrieben."

"Inertia accounts for two-thirds of marriages, but love
accounts for the other third."

„Zwei Drittel der Ehen entstehen wegen Trägheit,
aber das andere Drittel wegen der Liebe."

"Marriage is the death of hope."
„Die Ehe ist der Tod der Hoffnung."

"After 60, all of us belong to the weaker sex."

„Nach 60 gehören wir alle zum schwächeren
Geschlecht."

"Hey, don't knock masturbation; it's sex with someone
I love…"
„Hey, rede das Masturbieren nicht schlecht; das ist
Sex mit jemandem, den ich liebe."

"I once stole a pornographic book that was printed in Braille; I used to rub the dirty   parts."

„Einmal habe ich ein Pornoheft geklaut, das in Braille gedruckt wurde; die schmutzigen Stellen habe ich gerubbelt."

"The heart is a very, very resilient little muscle. It really is."

„Das Herz ist ein sehr robuster kleiner Muskel. Das ist er wirklich."

"The last time I was inside a woman was when I went to the Statue of Liberty."
„Mein letztes Mal in einer Frau war, als ich die Statue of Liberty besichtigt habe."

SEX PROVERBS

SEX SPRICHWORTE

A penis in the hand is worth two in the bush.
Ein Penis in der Hand ist zwei im Busch wert.

A blow in time saves nine.

Ein rechtzeitiges blasen spart neun weitere Male.

All lovers are grey in the dark.

Alle Liebhaber sind grau im Dunkeln.

All that glitters is not an orgasm.

Nicht alles was glänzt ist ein Orgasmus.

Beauty is in the eye of the beloved.

Schönheit liegt im Auge des Liebenden.

A good vagina makes a good penis.

Eine gute Vagina macht einen guten Penis.

Birds of a lover flock together.

Liebhaber und Liebhaber gesellen sich gern.

Boys will be boys, girls will be girls.

Jungs werden Jungs und Mädchen werden Mädchen
sein.

Brevity is not the soul of sex.

Kürze ist nicht die Seele des Sexs

Charity begins at the bedroom.

Nächstenliebe beginnt im Schlafzimmer

Crime doesn't pay, except in bed.

Eine Untat zahlt sich nicht aus, außer im Bett.

Don't bite the hand that caresses you

Beiße nicht die Hand, die dich streichelt.

Don't put all your eggs in one woman.

Setze nicht all deine Eier auf eine Frau.

Hard come, easy go

Hard gewonnen, leicht zerronnen.

A hard penis is hard to find.

Ein harter Penis ist hart zu finden.

Sex things first.

Sex nach dem anderen.

Sex favors the gold.

Sex bevorzugt Gold.

Give and you shall receive.

Gebe und du sollest erhalten.

Orgasm moves in a mysterious way.

Orgasmen bewegen sich auf mysteriöse Weise.

If it ain't broke, lick it.

Was nicht kaput ist, soll man lecken.

Blow and you´ll be blown.

Blase und du wirst geblasen.

If you play with women you get burned.

Wer mit Frauen spielt, verbrennt sich.

It's a man's world. But not in bed.

Es ist die Welt eines Mannes. Aber nicht im Bett.

Lover of all trades, master of none.

Alleslieber, aber kein Meister.

Climax is power.

Höhepunkt ist Macht.

Love never strikes twice in the same place.

Liebe schlägt nie zweimal am selben Ort ein.

Blow and let blow.

Blasen und blasen lassen.

Make love not sex.

Liebe machen ist kein Sex.

Man does not live by sex alone.

Mein Mann kann nicht nur von Sex leben.

Man proposes. Woman disposes.

Männer schlagen vor. Frauen entsorgen.

Money is a good mistress, but a bad master.

Geld ist eine gute Herrin, aber ein schlechter Meister.

Penises abhor vacuum.

Penisse verabscheuen Vakuum.

No sex is bad sex.

Kein Sex ist schlechter Sex.

No love no pain.

Keine Liebe, kein Schmerz.

Nothing ventured, nothing rejected.

Wer nicht wagt, erhält auch keine Abfuhr.

Woman and man don't mix.

Frauen und Männer passen nicht zusammen.

Once bitten, twice in love.

Einmal gebissen, zweimal verliebt.

One pair of lips is enough for a man, not for a woman.

Ein paar Lippen ist genug für einen Mann, aber nicht
für eine Frau.

Out of sight, out of sigh.

Aus den Augen, aus dem Sinn.

Practice at home makes perfect.

Zuhause üben macht den Meister.

Oblivion is a dish best served cold.

Vergessenheit genießt man am besten kalt.

Revenge is sweet.

Rache ist süß.

Silence means consent.

Schweigen bedeutet Zustimmung.

Strike while the lady is hot.
Greif zu, während die Lady noch heiß ist.

Tell me whom you go to bed with and I'll tell you how you wake up.

Sag mir, mit wem du ins Bett gehst, und ich sage dir, wie du aufwachen wirst.

The early dick catches the worm.

Der frühe Schwanz fängt den Wurm.

Greater the sinner, higher the climax.

Je größer die Sünde, dester größer der Höhepunkt.

The road to orgasm is paved with mean intentions.

Der Weg zum Orgasmus ist mit bösen Absichten
gepflastert.

The wages of sin is orgasm.

Die Belohnung der Sünde ist der Orgasmus.

The way to a man's heart is through his crotch.

Der Weg zum Herzen eines Mannes führt durch
seinen Schritt.

There's no such thing as free sex.
Sex ist nicht umsonst.

Women are not always what they seem.

Frauen sind nicht immer das, was sie zu sein
scheinen.

Two heads are better than one, particularly in sex.

Zwei Köpfe sind besser als einer, besonders beim Sex.

In love, two wrongs can make a right.

In der Liebe können zwei Fehler wieder gut machen.

United we climax, divided we fall.

Gemeinsam erreichen wir den Höhepunkt, getrennt fallen wir.

Climax is its own reward.

Der Höhepunkt ist die eigene Belohnung.

In sex, what you see is not what you get.

Beim Sex kriegt man nicht das, was man sieht.

When one pair of legs shuts, another opens.

Wenn ein paar Beine sich schließt, öffnet sich ein anderes Paar.

When the going gets wet, the wet gets going.

Wenn es feucht wird, kann man so richtig loslegen.

Women will have the last Word. Good bye.

Frauen haben immer das letzte Wort. Tschüss.

TRIBUTE TO WILLIAM SHAKESPEARE
ZU EHREN VON WILLIAM SHAKESPEARE

"Penetration or no penetration. This is the question"

„Eindringen oder nicht eindringen. Das ist hier die Frage."

¡To penetrate or not to penetrate!
Whether 'tis nobler for the penis to suffer
The slings and arrows of the outrageous vagina
Or to get an erection against a sea of troubles,
And by penetration end them?

Eindringen oder nicht eindringen!
Ob es für den Penis edler ist
Die Schlingen und Pfeile der abscheulichen Vagina
zu ertragen
Oder eine Erektion gegen ein Meer von
Schwierigkeiten
Und durch Penetration beenden will?

END

ENDE

PS. This is over. Sorry for the inconvenience.

PS.: Es ist vorbei. Entschuldigt die Belästigung.

Manufactured by Amazon.ca
Bolton, ON

12329090R00039